Kädet silmilläni kuulen
ja kosketuksen tunnen
tuon myrskytuulen
Varoen avaa se silmäni salaa
katsomaan lähtöä kurkien
kaihoisaa
Jättävät ne taakseen maan
kotiseudun niin rakkaan
Pois syleilystä kylmän
tappavan pakkaspäivän
Turvatakseen huomisen
elossa
Sillä kuolleena
eilisellä ei ole arvoa
Muistoissa jotka piirtävät
eilisen sateenkaaren
voimat hyvien aikojen
kauniiden muistojen
Oppaaksi onneen
uusien kurkiaurojen

On niin raskasta

iloita päivästä

Olla se

jota toisten silmissä olet

On raskasta rakastaa

niin kuin on tarkoitettu

Pitää kiinni ja koskettaa

Kertoa jotain joka satuttaa

jotain jonka ei kuitenkaan

toivo ketään loukkaavan

Totuuden soisin suustani tulla

ja ikkunan avata

siihen uuteen ja viimeiseen

Vapauteen

© 2022, M-W Sander
Kustantaja: BoD - Books on Demand,
Helsinki, Suomi
Valmistaja: BoD - Books on Demand,
Norderstedt, Saksa
ISBN: 978-952-80-6649-1

Taivas itkee puolestani
Otan kyyneleet vastaan
katseellani
Tunteeni ovat kuihtuneet
En pysty edes itkemään
Kertomaan
Miksi tunnen niin
Miksi niin
etten tunne mitään
Sataa paljon
Sataa niin että hukun
Yläpuolellani himmeä kajo
kertoo elämän olevan siellä
Yhä siellä jossain
Olemassa
Silti annan itseni vajota
Sillä niin minun on hyvä
Sillä niin on elämä parempi

Lyön lyön
LYÖN
Seinässä veri
rystysissä palava kipu
Kipu joka antaa
kokea tuskaa
Kokea miltä tuntuu tuntea
olla turhautunut
Ilman tarkoitusta
ilman kaunista loppua
oleva satu
Yksi lyönti liikaa ja tarina päättyy
Kipu estää jatkamasta
Estää näkemästä
estää tuntemasta
tarinan loppua
Tarinan nimeltä
minun elämäni

Auringonlasku

saa hyvästit

katseelta viimeiseltä

Piirtää savukkeellaan yksinäinen

taivaalle enkeleitä

Yllään puku musta

hän yksin makaa maassa

Pilkistää ruusu kuihtunut

rintataskusta

Silmät sulkee väsyneenä

vailla lämpöä

kaivattua kosketusta

Kukka ja kuolema

samassa kimpussa

Elävät yhdessä

Nyt ja aina

Yö saapuu taas
syttyy kynttilät palamaan
Liekit saa
varjot toisiansa halaamaan
Menivät muut unille
Vihdoinkin
Nyt saan aikaa itselle
Pimeässä hetkessä
silmäni suljin
Nyt ja tässä
elän ja nautin
On vain yö aikaa
matkata kohti mielenrauhaa
Kunpa aamu
ei koskaan tulisi

Miksi olen

Miksi elän

Mitä täällä teen

tässä tänään nyt

Miksi en

jo eilen elänyt

kun olisin voinut

luoda eilisestä

paremman huomisen

Elämän

itseni arvoisen

Mihinkään et voi luottaa
Sinulle tärkeinkin
hylkää ja unohtaa
pettymyksen tuottaa
Sydämesi pettää
vaikka hyvää hyvyyttään
se lyömättä jättää
Silti suutu et siitä
Annat anteeksi
ja kiität
Nukahdat
läpi valojen liidät
Pimeys koittaa
Antaa kodin
tuo turvan
ikuisen mielenrauhan

Katson miten vanhenen

Vuosia viikoissa

joita vain muistelen

En voi muutakaan

kun oikein perässäkään

pysy en

Annan itseni mennä

Mukana lennän

Kauas on pitkä matka

jonne kuitenkin löydän

Sinne viimein saavun

Loppu on vain unta

Kiristyy kaulani ympärillä köysi
mutta kuollut en vielä
niin vaikka jo pitikin käydä
Ilmassa roikun
natisee köysi ja kestää
kuoleman tulla
joka elämän päättää
Sitä ei kannata estää
Taputukset ja naurut kuulen
Tyytyväiset ilmeet vahingoniloisten
muka ystävien
sisko mukaan lukien
Heitä katson halveksien
sen kerran viimeisen
Tyytyväinen olen jos nyt kuolen
Pois pääsen ja taakseni jätän
maallisen huolen
Siitä ajatuksesta nauttia vois
tässä hetken rauhallisen
ja hymyssä suin
nukkuisin onnellisena pois

Paljon enemmän asiaa
kuin uskallan sanoa
Pelkään
sen kaikua
Sen tapaa lyödä
vasten kasvoja
Totuus
Sen kanssa ei leikitä

Kuolema avaa
muistojen portit
Kutsuu se kyyneleet salaa
lyö pöytään
tuomiopäivän kortit
Surun perässä
repivä ikävä
Haikeus
jopa kateus
sydäntä särkevä

Sinisen taivaan pumpulipilvet
Vasten niitä heijastuu
auran kurkien siivet
Kaunis katsella
vaikea kuvitella
kuinka raskas on kotimatka kurjilla
raskain siivin lentävillä
kohti lämpöä lähteneillä
Usko paremmasta voimia antaa
vaikka matkan vaikeus repii raastaa
heikoimmat poistaa
Jää ryhmästä jäljelle
vain vahvat
jotka selviytyvät perille
jotka uskaltavat uskoa
enemmän kuin uskovat
Uusi huominen vaatii paljon
Sinne asti selviytymiseen
ei uskokaan aina riitä

Sataa hiljalleen
Tumma taivas tiputtaa
kylmät pisarat päälleni
yksi toisensa jälkeen
Pakko päästä ulos
tästä ilmasta pahasta
tästä talosta
jossa yritän mukana
leikkiä kotia
Henkisesti ahtaasta
pakkopaidasta
Se puristaa rikki ovet ja ikkunat
kuin luut heikot ja hatarat
Varmistaen että jään
sisälle kylmään
josta voi katsella elämää
Läpi roudan
Läpi jään

Onko elämäni jo ohi
Onko tämä lopputulos
Suostu siihen en
pakotan itseni ulos
Sateeseen
jossa piiskaa kasvoja
tumman taivaan Jumala
vedellä jäätävällä
tunteet jäähdyttävällä
Suojaan kun pääsen siltä
tuntuu kuin käsiltäni täriseviltä
valuisi viimeinenkin kosketus
tähän maailmaan
pahaan sekä oikeaan
Hyväksyn kaiken
Otan vastaan sateen
Saan mitä ansaitsen
Puhdistun ja itken

Vain yksi
on ihmisellä elämä
Ei toivoa toiseen
on vain tämä
Jos tunnet olevasi ajatustesi renki
lukossa ikkunat ovet
eikä kulje henki
Vaatii voimaa rohkeutta
kysyä ystävältä tietä
johon luottaa
Jota uskaltaa eksynyt eteenpäin mennä
Voit päästä elämään
ei toista vaan uutta elämää
Päätökset teet itse
väärät tai oikeat
Ne kuitenkin ovat
ei muiden
vaan sinun omat

Olen tässä
Olen yksin
hiljaa pimeässä
Mitään kuule en
Vain seinältä jota raavin
saa huutoni vastauksen
Jäykistyy ruumiini
pysähtyy katseeni
Läpi seinän en takaisin pääse
Edes ajatukseni voima
ei sitä enää läpäise
Pimeys vallitsee
Se mieltäni halliten
hapenpuutteen palkitsee
Tuo sydän niin kärsinyt
ei enää hakkaa
vaan antaa se luvan
viimeiseen matkaan

Juokset pois
juokset lujaa
Sua ajaa takaa
tuhatpäinen omatunto
Olet tehnyt väärin
hukut syyllisyyden tuskaan
Kierrät kelloa vastapäivään
saavuttaaksesi menneen
menetetyn ajan
jotta voisit tehdä kaiken uudestaan
Ettei tarvitsisi juosta
vaan kävellä ja haistella
raikasta kevätilmaa

Tunteiden myrsky nousee ja kasvaa
Ajatusten tulva
patoja matkallaan murtaa
Kaataa aitoja vahvoja
murskaten mennessään
haaveita niin kauniita
Tuntematta tuskaa tehtäväänsä jatkaa
Ei odota
Ei tunne mitään
Haluaa kadota
ei sääli eikä selitä
Ei nyt eikä ikinä
Kaiken tahtoo se minulta riistää
Ei muuta
enkä sitä halua edes estää
Silti haaveet paremmasta
voivat ikuisesti lentää
Siihen uskon
Se riittää

Kun ilta tummuu

miksi itken

Koen turhaksi päivän

illan

kaiken

En huomista odota

Pelkään sen tulevan

Minua muistuttavan

miten turha on elää

varjossa tuskan

Silti jaksan

ja itseni kerään

Voimia kaipaa

tämäkin

ilta kohti aamua

Katse miehen niin väsynyt
toiveikas
vaikka eksynyt
Voin ehkä nähdä vielä
auringon nousun
ja itkeä
Ennen kuin silmät nää
vailla elämää
kiinni sidotaan
Etten näe
miten elämäni odotukset
hyvästä haudataan
Ne turhatkin
joita en edes ehtinyt
nostaa esiin
Jotka kuolivat
oikean elämän
synkkiin syviin vesiin

Järven pinta näyttää jäätyneen
Läpi katseen kärsineen
itkeneen
Auringon lämpö
turhaan hyväilee
Sydän kylmettynyt on jo jäätynyt
Enää ei pysty
lyömään elämään virtaa
Kohmeista sielua
kaikin tavoin koittaa auttaa
Turhaan
Sillä vahvaa tahtoa
ei voi muuttaa
kuollut jos se haluaa olla
Ikuisesti ilman
huonoa omaatuntoa
Nyt ja aina

Silmät suljen
on elämä mustaa
Ne avaan
Edessä tuska joka huutaessa vastaa
Katsoa haluan mutta en nähdä
Samaa seinää
samaa päivää
Tämä on tässä
Kun vielä jaksaa yrittää
ei revittyyn tapettiin
katse kiinni jää
Vaeltaa se paeten
parempaan uskoen
Kohti valoa aamun kirkkaan ja uuden
avatut silmät kuitenkin
loistollaan sokaisten
En näe enää lahjoja en kuusta
huomenna jatkan sokeana
tietämättä muusta
Ei hälinää ei kaaosta
Rauhallista joulua

Kuljen eteenpäin
ilman askeleita
ilman ajatusta
kohti kotia
Tiedä en määränpäätä
Matkan pituutta en ymmärrä
Enkä lainkaan
sen saavuttamiseen
tuhlattua elinaikaa
Pääsen kotiin kyllä
kun koittaa tietty päivä
Ehkä jo huominen
jos se on
päivistäni viimeinen

Joskus tekee mieli lähteä
Avata ovi uuteen
ja kaikki hyvästellä
Nyt olen päättänyt
luottaa itseeni ja sen tehdä
Olen ajatellut pidemmälle kuin jaksan
Käynyt jo siellä
minne haaveeni omistan
Kohdannut vuoren
vaikean ja suuren
Mennyt läpi sen
painajaisistani puhdistuen
Katsonut peiliin
syviin silmiin
ja tehnyt päätöksen
Vaikka niin jo ajattelin
lähde kuitenkaan en
Kerään ajatukseni kasaan
Unohdan haaveet
Suljen oven

Yö
Synkkä
vailla eilisen elämää
On vain pimeää
Kohti huomista
yö hiljaa liitää
Kuin korppi
suuri ja musta
Siivillään
vapaus ja rauha
hyvästien tuska

Kuolema
pyyhki kasvoista arvet
silitti uurteet
Valaisi pimeän metsän
poisti murheet
Suoristi polkujen mutkat
loivensi ojat
lievitti tuskat
Vihdoin on hyvä olla
Nyt näen kaiken kun ympärille katson
Uusin silmin
kanssa isäni muiston
Kuolema ei ole paha
kuten sanoi hän
sen olevan vapahtaja
Vaikka luokseni ei
palaa hän enää koskaan
Jonain päivänä
isä ottaa minut taas vastaan

Katso tänne
Näe minut
On vaikeaa olla
kanssa mieleni sinut
Kun yritän puhua
voin pahoin
En tiedä tapaa kertoa
en ainakaan sanoin
Ei löydä tietään kirjaimet
ilmaan ei paperille
Ei löydy tilaa tälle
pakottavalle
vuodatuksen tulvalle
Jää kirje siis pöydälle
ilman tekstiä
ilman syytä
Hyvä minulle
parempi sinulle
Paras meille kaikille
on lähteä kuin jäädä

Ulos katson
ja mietin
Mitä kaipaan
Mitä eniten haluaisin
On toiveeni vaatimaton
vaan liikaako se silti on
Haluaisin vain rauhan
Maanpäällisen
henkisen haudan

Kotini piha silmissäni likainen ja musta

vailla valoa

vaatii valaistusta

Vaikka kuinka sitä lumella ja valoilla

koristaa sekä peittää

tulee väistämättä kylmä yö

tuo tunteeton alistaja joka kauniin

jäädyttää

Se pimeyden kaavun säälimättä

valkeuden päälle heittää

Haluaisin nähdä teidät
mutta minulla ei ole silmiä
Juosta teidän luoksenne
mutta ei ole jalkoja
Haluaisin halata
mutta ei ole käsiä
Haluaisin rakastaa
mutta minulla ei ole sydäntä
Haluaisin aloittaa alusta
Elämän
jota minulla ei enää ole

Yö on minun aikaani
Syleilyynsä se ottaa
katsoen silmiini
Mustaan värit piirtää
kauas täältä ajatukseni siirtää
Voin nauraa itkeä
tarpeeksi etäällä
Ottamatta osaa
edes sivuroolia pientä
elämältäni tältä

Löysin itseni tänään
maasta makaamasta
Päällä savea ja multaa
syksyn lehtiä
vaan ei kultaa
Raskas paino rinnalla
Poissa hengityksen keveys
Vaikea liikkua
vaikea olla
Silti
pidin silmäni auki
Jotta näkisin
kun noutaja tulisi

Ei erotu yöllä puu
ei runko
ei sen latva
Vasten synkkää mustaa taivasta
Silti tunnen sen siinä olevan
tuulen sen oksia heiluttavan
Hiljaa silti se olla haluaa
nauttia rauhasta
toivoen etteivät muut sitä huomaa
Vain minä
Yksin minä
siinä olla saan
Sitä ymmärtäen
osaan sen tahtoa kunnioittaa
Katsomme siinä toisiamme
Yksin minä
Yksin puu
Yhdessä
Tämän hiljaisen hetken jaamme

Taivasta katselen
pitkään pilviä vertailen
Miksi
Sitä tiedä en
Odotan kai jotain muutosta
Jopa pelastusta
Pilviin ilmestyneet enkelit
eivät luokseni tule
Mustat nauravat
kunnes kuolevat
Valkoisia ei edes ole

Lumisateessa seison
Katseessa polttava kaipaus
muuttaen vedeksi lumen
Ehdi ei laskeutumaan valkeus
Pisarat toisensa perheeksi liittää
lammikoksi johon
tuuli elämän kaaria piirtää
Kun lopulta huomaa
kaipuun kohteen
olevan vain harhaa
Laskeutuu kylmä mailleen
jäädyttää kaiken
Perheen ja sen pisarat murhaa

Tulta ja tuulta rajua
nousee mieleeni mun
Voin aistia päivällä savun hajua
niellä sen kitkerän maun
Paiskaa rantaan myrsky
ajatusteni laivan
Tyhjänä
purjeet liekeissä
silti pinnalla
vielä ehjänä
Vene yksin jatkaa rikkinäisenä
loputonta matkaa
Kohti yön ulappaa
Kohti mielenrauhaa

Puhaltaa tuulet
kasvoja vasten
Vie mielestä lämpimät muistot
Palaa arki
Lyö poskille sade
koskettaa viileä viima
Yksi mahdollisuus
paeta kylmää
Yksi mahdollisuus
palata lämpöön
on juosta kilpaa
muistojen tuulen kanssa
Vaikka tiedät häviäväsi
Jaksat silti juosta
Jaksat
Sitä toivot
kunnes jäädyt

Pöydällä kyniä
paperia ja värejä
Kaukana
toisessa päässä pöytää
kaunis kuva huomisesta
Kirkkaat sävyt
terävät piirrot
Kauniit kuviot
värien kirjot
Kurkotan katsomaan sitä
Kurkotan pidemmälle
vain sotkeakseni
paitani helmalla
oman piirustukseni
Elämäntyöni
Oman versioni
huomisesta
joka ei koskaan
tullut valmiiksi

Alla maan kaukana täältä
makaa hän
isä ja ystävä
Omillaan
Kova on ikävä
se pitää otteessaan
Kova on kaipuu
suru ajan kuluessa taipuu
Muuttuu muistoiksi kauniiksi
Silti kysyn aina
Miksi
Kukaan ei vastaa
Häntä takaisin en saa
Nyt ei ole isän enää paha olla
kuten sanoi kuolinvuoteella
Älä murehdi poika
minulla on kaikki hyvin
Olen siitä onnellinen
samalla jopa
Kateellinen

Tummia pilviä
muovaa tuulet
Syöksyillään niitä puhkoo linnut
antaen muodot uudet
Yhdistyy pilvet
valkoiset ja mustat
Kaivautuu esiin tuskat
joista liikaa muistat
Lyö kasvoille tuuli
Saapuu myrsky
mukanaan salama
ukkosen poika ja Jumala
Siirtää pilvet tieltä auringon
avaa taivaan sinisen
Valmistautuu kaikkein vaikeimpaan
Hävittämään eilisen

Sataa
Kahlaat asfaltilla
pimeänä yönä
Vettä nilkkoihin asti
lepakot seuranasi
imien veren kaulastasi
Särkyneitä sydänsiruja rinnassa
palovammat sormissa
Eilen olet saanut lämpöä koskea
Siihen pettyneenä
sormesi polttaneena
vuodat huomaamatta
syviin ojiin voimasi
jotka ryömivät sisältäsi
Tuntuu pahalta
Raskaalta
Etkä ole kulkenut
vielä edes ojassa

Musta katto
vailla rakkauden varjoja
Makaat katsoen sitä
ilman ajatuksia
silmät suljettuina
kaikelta
Pimeä tie
Hiipuva soihtu
ei valoaan ilmaiseksi tarjoa
Ulkona elämän liekki
Seinällä varjojen tanssi
Ihastelet sitä kaukaa
Turvassa lämmöltä
joka polttelee mieltäsi
Kertoen oikeasta elämästä

Öinen tarina elämästä
Näet harmaata ja mustaa
Ei lämpöä
tunnet vain tuskaa
Pimeys kauan kestää
alleen murskaa
auringon sieppaa ja mustaksi maalaa
Unelta vihdoin katkeaa siivet
On tilaisuus avata silmät vaikka yhä itket
Lupa herätä
Lupa lähteä
Silti luomet suljettuna yhä
Parempi jäädä
uni loppuun katsoa
kuin nousta
vaikka onkin aivan toista
olla totta ja lihaa
Ei niin pahaa ettei jotain hyvää
kun vaan uskaltaisi päättää
jäädä pois eilisestä
Pois tästä
eletystä elämästä

Olen väsynyt

Ajatukseni ovat juosseet

ja silmäni täyttyneet kuvista

joiden läpi heijastuu taivas

ja sen toisen puolen

kaunis yksinäisyys

Elämä ei aina hymyile

eikä edes yritä

sillä tänään

siihen ei ole mahdollisuutta

Ilman sydäntä

uni ei anna tilaa

Saapui väistämättä talvi
Joen jäädytti
kivetti järven kannen
Aurinko herätti kiteet hangen
Iloitsemaan hetkestä
tuulten leikeistä kylmistä
Seurasi tätä sivusta kevät
mitä nuo kaksi tekevät
Joki ja järvi toisillensa
pelastaakseen maailmansa
Luovuttivat suosiolla virtauksen oman
alla vallan ja voiman
tuon talven armottoman
Lepäävät nyt siis voimistuen
omaa aikaansa odottaen
Luottavat vielä solisevan tämän
Tuon puron
elämän

Tuulen lailla

lentää ajatukseni

osoitetta vailla

Tiedä ei se tietä

paikkaan oikeaan

jossa lepoon pääsee

ja rauhan saa

Liekö sitä olemassakaan

Siihen vastausta tuulelta

on turha odottaa

Niin kauan kuin siivet kantaa

sitä vain arvaillaan

Sairaalan valkea käytävä
elämää ilman värejä
Vaaleat seinät
ympärillä lähenevät
Ajatukset jäässä jatkan kävelyä
kunnes olen käytävän päässä
On ajatuksiini odotus ja pelko sekoitettu
kohdata kaivattu
Halata
vailla tietoa
milloin on viimeinen kerta
Katsoa silmästä silmään
väsyneeseen
nähden sen hiljaa itkeneen
Samaa verta ja lihaa
pojastaan huolehtivaa
Säilyy muistot ja arvostus suuri
kun kuihtuu hän
oman elämänpuuni vahvin juuri
Hyvää yötä rakas isä

Revin auki ranteeni
Kadulle jätän osani
odottamaan jos joku tulisi
käteen käteni ottaisi
Elämänviivoja lukisi
kosketuksen kaivatun tuntisi
nuo kädet kovettuneet
Elävän ruumiista irtautuneet
Rakkautta nähneet vaan ei tunteneet
kohinaa kuumaa veren
sormenpäistä sydämeen
Makaa käsipari maassa yhä
sateen hakkaamana
ja irti revittynä
Viereen laskeutuu eilisen viitta harmaa
avaten taas arvet
Ei haittaa
Elän huomista varten
Aika haavat parantaa

Tulee ilta, yö alkaa vasta
Istun tuolissa nauttien hiljaisuudesta
omasta rauhasta
Istun vaan enkä nouse ylös
En pääse ylös
En pääse
Istun vaan jumalauta
Minä ja lasi viiniä
olutta viskiä
Yksi kaksi kolme neljä
Seuranani laseja
joista oloa parempaa
haen yksin mutta turhaan
Sehän kun on vain pelkkää murhaa
Omia ajatuksia omissa oloissa
kera viinin ja viskin
pitkin iltaa aivan rauhassa
kuunnella
Yksin
parhaassa seurassa

On vaikeaa lähteä
kävellä tai juosta
Nousta tästä suosta
jonka syvyyksiin
olen itseni upottanut
Vuosikausiksi päätökset
leijumaan jättänyt
vaikka usein luvannut
että lähden nyt
Tiukasti minua halaten
suo otteessaan pitää
Se syleilyynsä
yhä syvemmälle vetää
Tahtomattani hyväksyn sen
paljon hyvää siitä löytäen
Rukoilen kuitenkin salaa
suo kuivuu vielä
ja sieltä palaan

Tiedätkö tunteen
kun et tiedä
onko nurkan takana mitään
Vai odottaako siellä
huominen jo tänään
Tiedät sen
että on mentävä
Oli mitä oli
se on kuitenkin edessä
Ellet sitä pelkää
et ole
Ellet uskalla
et elä
Mene
Uskalla
Ole
Elä
Huominen odottaa

Matkani päättyy
tiedän sen
Ajatukset mustat
yltyy vaan ei vaalene
Tumma on pohjalla maisema
eikä pinta lähene
Virta vie
vesi sakenee
veneen varjo pakenee
Suljen silmät
henkeä vetäen
Sen kerran viimeisen

Tarttuvat kädet
hapuilevat ilmaa
suoristaen vanhat sormensa
yrittäen saada otetta
tunteistasi
Turhaan
Tunteitasi ei enää ole
Kädet kuolevat pois
Vaihtoehtoja ei liene

Veitsi ranteeseen
tietä piirtää
Ajatukset pois
painajaisista siirtää
Valuu veri lailla kyyneleen
ihmisen väsyneen
itkeneen
Värjää käden hentoisen
kauan apua hapuilleen
värillä eilisen tuskan
unohdetun sydämen
Kipu tuudittaa uneen
syvään turvalliseen
Huomaamatta katkaisee
matkan huomiseen

Jos pitää valita
toinen vaihtoehdoista
Ikuinen elämä
vai välitön kuolema
Ei ehdi valintaa katua
kun toteutuu päätös oikea

Kun mietin tarpeeksi kauan
huomisen haaveita
unelmia toteutumattomia
Tajuan olevani
väsynyt kaikkeen
Tähän arkeen ja elämään
sen jälkeen
Juuri ne unelmat
sekä kaukaiset haaveet
listan muodostavat
ihanista asioista
joita tänään rakastan
mutta huomenna inhoan
Joita vähiten sittenkin
tavoitella haluan

Jos voisin päättää millä tavalla
täältä joskus lähden
Meren synkkään syliin
hukkua tahtoisin
ettei kukaan näkisi
kuinka itken
Alle odotusten
korkealle kuitenkin
kuin voimalla vuolaan kosken
Nostaa meren pintaa
katseesta tulviva
vapaana juokseva
kyynelten ikuinen virta

Minun aurinkoni
sylkee mustia nuolia
Polttaa ihoon reikiä
murheilla huolilla
Häikäisee
Sokaisee silmät
juuri silloin
kun pitäisi
vastaantulijoita väistellä
Sytyttää sen kuumuus
liekin elämän
Väärässä päässä
melkein loppuun palaneen
Kynttilän

En tunne enää sydäntäni
Sen ääni ainoastaan
johdattaa paikkaan
minne ajatukseni jo meni
Siellä löytää itsestään
vanhenemisen merkkejä
tapettuja tunteita
sellaisenaan
ihan itsestään
Pyyhkii mielestään
silmät sulkien
eilisen turhat kuvat
tyhjää tietä kulkien
Jättäen taakseen kaiken
minkä tietää
jota ei voi enää omakseen tuntea
eikä sietää
Paluuta ei ole
Sade huuhtoo jäljet

En tiedä
miten lukea ajatuksiani
En ymmärrä
mitä tapahtuu ympärilläni
Kuulen vain
sydämeni lyönnit
Varoittavat
väistämään näkemääni
Valot varjoja tekevät
kyyneleet näkemään estävät
Tätä tietä
Tätä elämää
Sen mitätöntä merkitystä

Tahdon saada kaiken
ilman kipuja
muistamatta eilistä
Tuntuu tuskaiselta
Tunne on liian syvä
Eilisen varjojen maali
on tunteissa ikuisesti pysyvä
Käännän pääni
huudan keuhkoni hajalle
Miksei mikään ole kuin ennen
Rauhoittuminen on mahdollista
vasta kun sielu yhtyy
ajatusten kanssa
yhteiseen lepoon

Mustaan seinään
painan kuvan kämmenen
valheen valkoisen
Ei totuutta kerro
kosketus sen
Tekisi sen paremmin
vaikka punainen
Väri veren
väri rakkauden
Paremmin tunteista kertoisi
läpi tuon seinän mustan
muistojen synkkien

Herään aamulla metsästä
Kuljen usvaisen niityn läpi
tielle jolla makaa
tunnistamattomia eläimiä
On tapahtunut jotain
jota ei kukaan nähnyt
Afaltissa verta
johon piirrän sormella
kysymysmerkin ja sydämen
Maalaan verellä kasvoilleni
rauhan merkiksi kyyhkysen
joka valuessaan
muuttuu rumaksi
sotkuiseksi korpiksi
Silloin on aika vaieta
jatkaa eteenpäin
puhuen vain itselleni
tietämättä mistään mitään

Kutsun aisteja
jakamaan tunteeni osiin
Toiset kyyneleinä
toiset huutoina
Kutsuina
kuoleman lapselle
Ymmärtäväiselle auttajalle
joka saattaa minut
ajatusteni luota lepäämään

Väsynyt ajatus
Usein paikalle saapuva
rauhallisen päivän
aurinko

Kuuntele miten tuuli soi
Hiustesi kaunis heiluttaja
sanomaansa sinunkin
lukevan haluaa
Ymmärrä se ja anna
mielellesi valta seurata sitä
Ylle puiden latvojen
seuraksi lintujen perhosten
Mukaan ilmeeseen
tämän maailman
Joskus niin synkkä
ja murheellinen
vaan kuitenkin
ilon ja valon valtakunta
jonne sydämesi täytyy
itse löytää tie

Läheisyys tuntuu
kuin tulen polte
Anna aikaa sille hetki
niin saat enemmän
kuin lämmön ihollasi
hiuksillasi
huulillasi
Kuuntele sydäntäsi
Sekin haluaisi hetken leikkiä
tunteittesi hehkuvalla liekillä

Läpi päivän ryömin
haikein raskain mielin
Sydän palasina
kuin miehen väsyneen
verta vuotavana
Parempi edetä nöyränä
asfalttia halaten
kuin tuulen armoilla
yksin seisten
Vahvana
mutta huomista peläten

Silmät ummistan
ei matka uneen ala
Pelkään jotain
epäusko mua halaa
Valuu kyyneleet
kun taas silmäni avaan
Kastaa niskan
vuotaa tuskan
tehden sen toisilta salaa
Verenpunaisena virtana
ulos kaikesta
mihin joskus uskoin
mille annoin kaiken
Jonka päätteeksi
toivoin vain saavani
hyvän rauhallisen unen